© 2018

Herstellung und Verlag: BoD – Books on Demand, Norderstedt.

ISBN: 9783752832907

Für

Karlheinz

Mischa

und alle, ohne die dieser Band nie möglich gewesen

wäre.

AT Beobachtungen 1

Treppen, Stiegen
Wie Wasserfälle speit ihr
Kaskadenartig
Die Massen auf euch
Hinab in die Höhle
Des silbernen Lindwurms
Der sie frisst
Mit Haut
Mit Haar
In sich trägt
Durch das Myzel der Lichter
Der sie weit gereist
Wie Samenkörner in Vogelkot
Und Laune wie selbigem
Wieder ausspeit
Nur dass ihr ihnen
Den Massen
Dann Berge seid
Hürden auf ihrem Weg.
Ein sisyphotisches Rauschen
Der Ursuppe
Schwimmend, treibend
Einer Wasserleiche gleich
Im Schwarmverstand
Der Seelenlosen

AT Beobachtungen 2

Ist es nicht die Seele die im Duft wohnt?
Nicht die Ablehnung die Nähe schafft?
Nicht der Muff aus der Vorzeit
Der doppelköpfig grauen?
Schwingende Türen vereist in hundert Jahren
Monotonie
Bilden doch mit jedem Wiegen wieder
Arabeske Muster in dem Raum
Wenn Tabakdampf
Aus schwarzen Lungen
Gleich übler Ahnung
Ihren Bewegungen Folge leistet.

Ihr Torwärter
Wir Häfenbrüder
Freiwillige an der Kette
Ein Ball aus Misanthropie
Und Melancholie
Aus grabeswarmer Todessehnsucht
Und kaltschneidender Leugnung dessen

Was ist?
Nichts.
Nichts ist
Nichts muss.
Alles kann.

An der trübschwarzen Quelle der Glückseligkeit
Die mit jedem Tropfen
Den Geist in helle Aufruhr versetzt
Als stünde der Aufgang der Scheibe der goldenen
Bevor.

AT Beobachtungen 3

Schreit! Schreit hinaus und bettelt
um verloren Geglaubtes!
Befreit es von Staub und Obsoleszenz
Doch ohne mich.
Tretet! Tretet die Straßen breit und räumt sie von dem
Was ihr für schuldig haltet
Doch ohne mich.

Kehrt! Ja Kehrt euer Innerstes nach außen!
Zeigt eure wahren Farben in düsterem Schwarz!
Doch ohne mich.
Zieht! So zieht heraus eure Kanonen und Mörser
Die nichts sind außer einer Handvoll Farbe
Doch ohne mich.

Zerreißt! Kommt, zerreißt das Korsett
Das euer Zwerchfell beim Reden zerquetscht
Doch ohne mich.
Marschiert! Marschiert mit alten Fahnen über den
Köpfen!
Und weckt jene Geister die ihr besiegt geglaubt
Doch ohne mich.

Belasst! Wahrlich, belasst mir meine Freiheit
Wenn in eurem Geschrei mein Flüstern untergeht

Mich trennt von euch ein Graben so wild und weit wie
der Jangtse
Und wäre doch durch diese Fensterscheibe zu
überwinden

Und wenn ihr nach Revolution lechzt – in welcher
Farbe auch immer
Dann wende ich mich ab
Und suche in Schwarzem auf Weißem
Beständigkeit und Frieden

AT Beobachtungen 4

Von links heraus
Nach rechts hinein
Von unten gereicht
Von oben verstreut
Mit der Kraft in sich

Aus ja
Wird nein
Aus vielleicht
Mit Sicherheit
Denn alles springt
Und alles weicht

Wenn gebracht
Was gewollt
Und gegeben
Was ersehnt
Wenn geglaubt

Nur gelehnt
Und gewusst
Nur Glauben war
Beißt sich
Den Motten gleich

Der Lochfraß
Ins innerste
Des Seins

Und hinterlässt
Eine fahle Entschlagung
Aus dem Garten
Nebst Eden

AT Beobachtungen 5 (Herr van Quaak)

Es hüpft der Froschen
So froh fidel
Aus des Schneiders Kämmerlein
Samt blauen, neuen Galoschen

Den Weg hinab die Gassa entlang
Van Quaak der Name, sehr wohl bekannt
Nun gut gekleidet, gar sehr fein
Hinein ins Lokal „Fliegenschlang"

Den Mantel nimmt der Ober ab
Die langen Schenkel streckt er sich
Und mit geschultem Blick auf das Menü
Erscheint Frau Ober, trippel trapp

Was er denn wolle, fragt sie ihn
Er hebt nun Kopf samt Glas am Aug
Die Fliege will er als Menage!
Und fragt was hier das Supperl taug´

Frau Ober nickt, bejaht die Frag´
Und schreibt mit flinkem Griffel
Die Bestellung auf den Block vom heutgen Tag
Grad frisch, neu angerissen

Der Froschen wartet ab
Bei Bier samt Zigarette
Doch Zeit um Zeit um Zeit vergeht
Er fragt sich nach der Strecke

Die die Frau Ober wohl laufen muss
Um den Erdball muss sie führn! In eine gar ferne Ecke!
Denn eine solche Zeit hier abzusitzen
Kann höchstens einem Strolch gebühren

Nun endlich! Dort! Am Horizont
Frau Ober rauscht heran
Und mit entschuldigender Miene
Reicht die Suppe sie ihm
Doch nichts ist darin, weil
Der Fliege die Flucht gelang.

Ava I

Wie kann man
Einem Blutverteiler
Einem gordisch verknoteten
Soviel
Macht lassen?

Wie kann weich liebendes
Zu Stein werden
In einem Wimpernschlag
Von Zeit
Zu Zeit?

Wie soll der Mensch
Mit solchem Übel
Verflucht
Denn je sein ewig Streben
Nach Glück
Vollenden wenn
Selbst
Aus Liebe nur Schmerz
Aus Herz nur Stein
Aus Saat nur Schrei
Wird?

Ava II

Herr Doktor!
So lege man mir doch
Endlich
Eine
Drainage

Und
Lasse mir das ganze Gefühl
Samt
Blut ab!

Und man gebe mir
Öl in die Vene
Auf dass ich
Vom Fühlen nichts mehr wissen
Vom Wissen nichts mehr fühlen muss

Man gestatte mir
Nicht mehr schreibend
Am Straßenrand zu sitzen!
Und mit mir selbst den
Ablass zu verhandeln

Den ihre Kirche
Mir verwehrt!

Der Antrieb

Zylinderweise
Schallen Synapsen
Botenstoffe
Ende
Anfang

Klang
Elektrizität
Die Freude am Wort
Das Unbehagen der eigenen
Windung

Schlangengleich
Gleicht das Gehirn
Einem Schlangenteich
Medusa war ein Krüppel!
So schießen auch mir
Die flammenden Leiber züngelnder Schlangen
Aus dem weißen Kalk
Den meine Mutter mir geschenkt
Den mein Vater gekauft
Dem ewigen Staub meines
Gerüsts
Entkommt außer den Schlangen
Nichts.

Freie Wiener Haikus

Lass den großen Strom
Doch die alten Sorgen nehmen
Und bleibe für dich

Die Unsicherheit ihrer Worte
War doch nie ein dunkles Schloss
Sie war ein Brunnen

Die Luftblasen am Glasrand
Spiegeln wie Prismen das Licht des Tages
In kleinen stillen Regenbögen

Wäre ich ein Frosch
So wäre ich ein großer lauter
Lauscht meinem quakenden Unsinn!

Aus dem Osten kommt
Mit den brennenden Strahlen der goldenen Scheibe
Auch die ewige Wut

Auch der schräge Gesang
Der Reisenden Suchenden heiter Strandenden
Behält seine krude Schönheit

Durch weiße offene Türen
Tritt der gleißende Halbgott der Bote
Und bringt unerwünschte Kunde

Die Bettfalten
Werfen blumige Schatten
Aus hellem Gelb

Wie viele Tische
Wohl von dem lernen der still
Auf ihnen schreibt?

Klassische Wiener Haikus

Die Dose ist dem
Straßenpunker heiliger
Als die Bibel selbst

Ohne zu zögern
Würde ich die Bim am Platz
Um Flügel tauschen

Zwischen Beton und
Häuserwänden fällt das
Atmen schwer

Im silbernen Mondschein
blüht auf grauen Feldern
Der stillblaue Mohn

Ob es gerecht ist
Das Ferne als das Eig'ne
Sich einzuweben?

Wie die große Flut
Brechen auf vielen Beinen
Die Touristen herein

Nur einen grünen
Garten mit vielen Blüten
Wünsche ich mir sehr

Ode an die Uhrzeit

Es sind
Die da fallen
Nie stehend

Ein ewiges
Fallen fallen fallen

Ihre Geräusche
Sargnägel
Einer Welt
In der ohne Kaffee
Nicht einmal ein Nagel hält

Der letzte Verlust
Der Anfang ist nah
Das Ende vorüber
Von vorne

Expectare Repetitio

Tick

Tick

Tick

Vom Anderen

Muss es immer
Wie es sollte
Wär es anders
Wär´s Revolte!
Muss das Format
Immer hoch
Wär´s nicht adäquat
Wenn´s auch mal quer
Zu liegen käm?
Ganz unverschämt zwischen digitaler Tinte
Und lyrischer Finte
Und den Wortfluss zähmt?
Wie wär´s wenn die Zunge
Nicht an die Tastatur gekettet
Wär und die Sprache
Vor Klischees gerettet
Als wär sie frisch gesprochen
Weg mit den Wortfassaden
Wandre auf eigenen Pfaden
Wie in früheren Epochen
Als Barden Balladen
Von fahrendem Wagen
Zum Besten gaben
Begleitet von Abenteuer
Und Lautenklang

Vom Bruch/Vom Versagen

Wenn Worte
Die eigenen
Gegebenen
Nichts gelten
Dann
Wenn die Antriebslosigkeit über Nacht
Über Hand nimmt
Dann
Wenn alle Pläne zerbrechen
An der eigenen Schwäche
Dann
Wenn Heilung nur in Form von
Schneebällen möglich scheint
Dann
Wird aus jedem Tag ein Totentanz
Ein Gemälde aus Vanitas und Vino
Dann
Werden alle Arten des Zeitvertreibs
Mittel der Wahl
Um die Brüchigkeit zu ertragen
Um die Absenz von Wert
Definiert durch andere
Zu ertragen
Und weiter zu machen

Vom Buch

Weil nichts von allein geht
Weil alles Arbeit braucht, Effort
Weil nichts ohne Öl frei dreht
Weil ohne Zwang nichts gehorcht

So ist es die Übung aus täglichem Trott
Die Worte zu finden
Und aus flirrenden Fetzen, Gedanken aus Schrott
Ideen zu binden

Und gebunden wird's werden, Seite um Seite
Ich halt´ es in Händen
Mein eignes Stück Arbeit, Weißpapierweite
Eines Tages halte ich es in Händen

Weil nichts von allein geht
Weil alles Arbeit braucht, Effort
Weil nichts ohne Öl frei dreht
Weil ohne Zwang nichts gehorcht

Vom Grau

Es ist das Grau
Das in seiner Eigenschaft
Der Farbe ihren Wert
Gibt

Das Grau
Das der Stimmung
Ihre Höhe
Tiefe
Enge
Weite
Gibt oder nimmt

Das Grau
Das wie Blei
An Köder meiner Angel hängt
Ausgeworfen

Auf der Suche nach
Dem Fisch
Pesce della propositione

Vom Hass/Vom Wort

Neger
Jude
Zigeuner
Wörter wie
Säure
In Gesichtern
Ächzend

Ewig fressend
Ewig zeichnend
Ewig atmend
Ewig existent

Leichen
Hängen in den Bäumen
Und der Eiter
Rinnt durch alle Gassen

Und wie Zündhölzer
Brennen Köpfe
Von innen
Von außen

Manche riechen
Manche sind
Die Fäule

Der blassblutschwarze Morgen
Er kommt

Die rauchschimmelgraue Sonne
Sie steigt

Mit einem glimmgleissend faulen
Grünen
Grinsen
Im breit verwarzten
Vernarbten
Gesicht.

Vom Heimkehren

So schön
So ruhig

Wäre es wenn
Aus dem schieren Gedanken
Es könnte sich
Nach
Endloser Nacht auf Schicht
Nach dem
Mechanisch klackernden
Entriegeln

Der Eingangstüre
Und dem
Durchschreiten
Des frühmorgenstillen Flurs

Aus meinem
Am Ende des Kabinetts
Unter dem Fenster
Kristallklargläsern
Befindlichen Bett
Ein Kopf schälen

Ein Lächeln spenden
Und sagen
Guten Morgen

Doch so bleibt mir
Nur das Erinnern

An ein verhallendes
Waberndes
Alpenklammweitläufiges
Echo
Ihrer Stimme
Aus Schwarzplastikmuscheln

Vom Irrealen

Eine Stimme kann wertvoller sein als Gold
Wenn
Titanengleich
Der Traumnebel
Schwebt und
Wabernd
Formend
Die Zeit fließen lässt

Fliegende Erdbeeren
Wenn Lucy im Himmel
Nicht mit Diamanten sondern
Katzenhaften Tauben
Weilt und
Wolken fortzieht

Und wenn
Mutterwarme Sonnenstrahlen
Die Haut streicheln

Dann
Ja dann ist es
Gut.

Vom Krieg

Wenn unsere
Stimmen
Waffen wären
Revolver verschiedenen Kalibers
Sturmgewehre
Und Granaten
Es wäre Krieg den ganzen Tag

Und aus unzähligen Wunden
Würden wir wie Heilige
An Bäume gespickt
Bluten

Kugeln aus unüberlegten
Silben
Wörtern
Sätzen
Ein Genozid aus Klang

Und der Frieden
Wäre Schweigen

Doch nicht zu sprechen
Würde
Bedeuten
In salamandergrauer Stille
Auf ewig

Unvollendet
Zu bleiben

Wir säßen
Und sähen
Uns nichtssagend
Über dunkelviolettem Wein
Nichts sagend an

Doch in der Einsamkeit läge
Frieden

Vom Leid

Wenn die Kraft vorübergeht
Ziehe
Renne
Unter offenem Himmel
In verschlossene Arme

Wenn nichts zurückbleibt
Als Mittsommernachtsgrau
Lass dir
O Schwache
Den silbernen Helfer kommen

Den hellen Schein
Blassleer in tiefe Falten gegraben
Unterseeisch gar gesetzt
Auf dass das Ende
Ohne Schrecken, Schmerz und Schüttelfrost
Ein Gast sei in deinem Haus

Kein diebischer Fremder
Kein grausamer Henker

Vom Letzten

Und du letzter Bastard, du letzter Nagel am Sarg
Du grausamer Reißzahn in meinem Fleisch
Du gebrochene Rippe auf dem Weg unter dem
Stacheldraht

Du sinkendes Boot, du Leichenwagen
Ich werde dich dreschen, erschlagen wie die alten
Götter
Die Missionare bevor sie die Eichen fällten

Werde dich dreschen und schmieden und zwingen
Werde dich ersäufen in Öl und Wasser und Feuer
Werde dich weder erretten noch taufen

Du Fluchstein, du Schädelmarter
Du Rinnstein, du Gosse
Du Seifenfischer, du Panzerschütze
Du Schreibtischtäter, du Saufkumpan

Wie lange habe ich gewartet, dass du mein Hirn
verlässt?

Du Ablasshandel,
du Aderlass,
Du Steueroase, du Vollfahrt,
Du blauer Mohn,
Du goldenes Stück Sonne

Du Duft der Freiheit,
du Schlussstein meines Tuns!

Wie eisern hast du dem Fluchen entgegengestanden
Wie seiden mein Haupt gewärmt im harten Wind
Wie aufrecht wirst du stehen an der Spitze

Meiner Freiheitsstatue aus Traum und Hoffnung
Meine Flagge über Iwo Jima, mein Banner über dem
Reichstag!

Mein Signet, meine goldene Bulle
Mein rotes Telefon, mein heißer Draht

Mein letztes für dieses
Mein erstes für bald

Vom Manchmoi

Manchmoi da ware gern wer anders
Da ware gern wer mit Huat, Stock und Mantel
Da hätte gern a Uniform a
Und hätt ma gern den Stich gschenkt von da Tarantel

Und war gern wia olle andern
Da dade gern renna und hupfn und springa im
Gleichtakt
Da ware gern ana von de andern

Und war gern a bsoffn und abgwrackt
Da ware gern ane vo hundertn Taubn
Da ware gern a Viech in Blau
Da dade a gern amoi draufhaun
Ohne dafir in Häfn eizumfoahn

Da ware a gern a Hund mit an Hoisbandl um
Da ware gern a Apparatschik mit Hirn in am Glaserl
Da ware gern Bürokrat
Da dade gern Schreibtischvoluntiern
War ned Opfer, waradt Täter

Dadad gern moi mitmarschiern
Da was ma wurscht
Da ware gleich
Statt Bahö grod Basenatratsch
Guats Göd fir nix

Gummiadler statt Reis mit Sojasoß
Wo ma nimmer kämpfn muas
Fir an Sinn
Wos glangt
Wennst a Zombie bist

Vom Narren

Wenn Simplicissimus
Aus dem Leben eines Taugenichts
Gelesen hätte
Wie ein humoristischer Haruspex
Aus den Eingeweiden
Qualtingers

Wäre ihm dann Schicksal
Und
Leid
Erspart geblieben?

Oder hätten
Die Klauen
Der Welt ihn
So
Oder so
Verschlungen?

Lasst frei! Den
Kraken!

Auf dass der Unsinn
Sich sinnstiftend
In unergründliche Tiefen
Hinabsenke

Und dort bleibe
Auf ewig verschüttet
Wie ein
Schlechter
Witz.

Vom Opfer

In der Spengergasse
Beim Woracziczky

Irgendwann
Zwischen 7
Und 8
In Schwarz nach
Der Arbeit

Da hab ich dich verbrannt

Du Dämon
Du Quelle vergangener Pein
Doch ganz

Bist nicht vergangen

So hab ich dich
Der orangenen Hölle
Draußen in
Der Spittelau
Als Opfer im Stock
Ganz unten
Dargebracht.

Vom Regen

Im Bett liegend male ich mir
In schillerbunten Glitzerfarben wie auf seltenen
Sammelkarten
Aus wie
Okeanos´ heiß geweinte kalte Tränen

Am geschmolz'nen Sand
Der mich und mein Palais aus Schaumstoff
Von dem wilden Wüten sonniger Hitze
Trennt
Niederrinnen

Und den Dreck von den Trottoirs und Straßen
Von den Dächern und Gassen
Weg in die eisernen Pforten zur Unterwelt zu waschen
Wo dreiköpfige Hunde
Alles begierig schlucken, willenlose Diener ihrer

Bestimmung
Aussichtslos ist ihr
Bestreben dem Schicksal zu entkommen
Und ebenso aussichtslos ist es wohl
Hinaus in den Tag zu jagen denn
Wie eine Kompanie Gardisten steht
Die Hitze während
Wie Kanonenfutter mein Tagtraum
Fällt.

Vom Schlafmittel

Gelbsimmergolden
Viel bewegt
Und doch ersetzt

Bar
Jeglichen Vergleichs
Einzig

Und wahr
Kitzelnd
Unter den Nerven der Zunge

Der erste Hauch des
Grünen Frühlings
Über alle Zeiten

Wie
In Bernstein gefangen
Unwirklich wahr

Ehrlich
Und rein
Gleich einem
Gebot

Stetig stehend
Mit mir
In mir
Mit ihm
Fallend

Auf Wolken
Auf des Paschas samtene Trutzburg
Aus Kissen

Vom Vater

Aus Hieben, Schlägen,
wird Liebe, Segen
Einfaches wird schwer
Und die Kette der Logik
Ist brüchig

Zahnseide

Trägt
Nicht mehr

Man lasse ihm das seinige
So wie er mir lässt das meinige
Doch unteilbarer Respekt
Verbunden durch Gewalt

Männlichkeit
Fokus
Zeugung
Geburt
Tränen
Tod
Gewichtig
Wie Grabsteine
Des Bewusstseins
Der Endlichkeit
Der sinnstiftenden Irrelevanz

Der Vergangenheit
Wie die Dringlichkeit
Doch längst vergangen ist

Absenz und Wunsch
Anwesenheit und Ablehnung
Spiel mit dem Sessel

Ohne wäre ein Stück
Verloren
Gegangen
Ohne auch nur einen Kaffee
In der Wut an die Wand zu werfen
Und einfach
Zu leben.

Vom Void

Und wiederum
Stillstandsleere
Sinnesleere
Im Bauch ein Zentrum
Der Mund nicht Quell
Sondern Einlauf
Einstopfen
Einer französischen Gans gleich
Ein krampfhaft pressendes
Gefühl
Schmerz
In der Dehnung
Genugtuung
In der Selbstaufgabe
Was getan wird
Füllt nicht
Was gelernt wird
Füllt nicht
Was innerhalb liegt
Fühlt nicht
Und doch soll es
Doch wie soll man krank
An kranken Menschen
Gesunden?

Von den Blättern

Reicht sie mir, reicht sie mir
Serviert sie mir auf Silbertabletten
Räupchen Nimmersatt besieht sich was ich tue
Und klingelt verschämt
Bei den Weight Watchers

Nichts kann alles muss
Gepresste Sätze auf Papier
Der gesammelte Wahnsinn
Zügellos
Haltlos
Ungeniert
Ohne irgendwelche Mauern
Seit Tagen ohne Nervennahrung
Bleibt einem als letztes
Nur der eigene Nerv als Nahrung
Das fünfte Gedicht in Folge
Beginnen die Doppelungen

Einsam

Langweiliger zu werden
Das überschätzte
Ureigene
Genie das man glaubte zu sein weicht
Der Gewissheit
Dass nichts anders übrigbleibt als

Die Therapie
Die nichtssagend schweigend
Da liegt wie der Pelz
Eines umsonst getöteten Tieres
Zum reinen Ergötzen
An der eigenen Leistungsfähigkeit

Was soll das? Wo ist die Sinnhaftigkeit einer Frage
Die blauschwarzlilagrauen
Orchideen im Mondlicht
Erschreckend
Gut
Stünde.

Von der Möglichkeit

Viele Dinge sind möglich
Andere unmöglich
Irreal
Aber reell
Indem man ihnen einen Namen gibt

Sie benennt
Ihnen eine Karte unterschiebt
Und ihnen sagt
Wo
Genau denn jetzt ihr Platz sei
Da bemerkt man erst dass dies
Worüber

Man eigentlich spricht
Nicht dem Wort gerecht wird
Das man ihm gegeben hat
Die Dinge in die Unmöglichkeit verbannen
Hoffend darauf dass man sieht
Wie sie sterben

DerKoloss derMoloch derGilgamesh
Hat ohne zu wissen das
Was er unverschuldet war
Verwirkt
Allein durch einen Namen.

Von der Hinderung

Ich könnte stark sein wie ein Minotaurus
Ach wäre nur die Faulheit nicht
Ich könnte schlau sein wie alle Professoren
Ach wäre nur die Faulheit nicht
Ich hätte Bachelor, Master, Doktor!

Ach wäre nur die Faulheit nicht
Ich könnte Berge erklimmen
Ach wäre nur die Faulheit nicht
Ich könnte Gitarre, Schlagzeug, Bass beherrschen,
könnte singen wie ein Vöglein

Ach wäre nur die Faulheit nicht
Ich könnte dichten, reden, schreiben,
könnte mich der Kunst selbst einverleiben
Ach wäre nur die Faulheit nicht

Könnte wandern, könnte reisen
Könnte schweben, könnte kreisen
Könnte sitzen, laufen, fliegen
Könnte mich im Winde wiegen

Könnte lachen, tanzen, springen
Könnt Äpfel in die Erde bringen
Könnte radfahren, weitblicken, anführen
Könnte folgen, saufen, herumsandlieren
Könnte lesen, schreiben, lieben

Könnte nützlich sein
Könnte die Welt verändern

Ach wäre nur die Faulheit nicht
Wäre da nicht die rotglühendheiße Kette
Um Arme
Um Beine
Und am schlimmsten
Um den Kopf

Der Stabilisator

Nach hinten gelehnt
Auf rissigem schwarzem Kunstleder
Den Kopf nach oben gedreht
Weit geöffnet die Lider
Suche ich Gott an der weißen Decke

Vom Luftzug des Fensters verweht
Lausche ich draußen
Wie es Kindern beim Spielen ergeht
Höre Autos rauschen
Und um die Ecke einen Rasenmäher rattern

In sämtliche Zeit gedehnt
Erlebe ich die Szene
Und gedenke der Kugel, die sich dreht
Vergesse, nur flüchtig, alle Probleme
Und suche Gott an der weißen Decke

Aus meinem Fenster

Ich liege im Bett
Befreit vom Kampf durch
Das Signet eines Halbgotts
In Weiß
Sehe durch
Ein chinesisches Fenster
Hinaus in die Welt
Und es gefällt
Mir zu lernen und
Über das Leiden der
Anderen Bescheid zu wissen
Ehe ich mein Fenster beiseitelege
Und auf den Schemen vor mir blicke
Wie ein schwarzgewaschener
Wasserspeier
War ich
Voyeur im
Sauren Regen
Warum sehe ich zu?
Warum lasse ich das Fenster offen?
Und statt Ausblick
Bleiben Fragen

Der Lindwurm

Und ich denke darüber nach in wie viele
Prismen der Tag sich doch spaltet

In Schwarz
In Weiß
In Emotion in Höhe und Physik
In Größe und Dichte

So unterschiedlich weich
So unterschiedlich fallend

Wie gerupfte Magnolienblüten
Ein sanftes Segeln der Vergänglichkeit
Im ewig sich windenden Rotorblatt Zeit
Einzig der Schlaf amputiert dem
Keifend-pfeifenden Moloch
Dem unfassbaren Lindwurm
Ein Bein einen Arm auf dass er
Aus Dunkelheit und Kühle geflickt
Wieder nachwachse
Und er mich im Genick packend weiter mit
Sich schleift
Bis im Beisl „zum 6ten Fuß"
Das letzte Achterl kommt
Aber diese Rechnung bekommt der
Fährmann erst später bezahlt
Denn

Heute, ja heute
Erzähle ich meinem Kissen wieder
Mit flüssiger Stimme die
Geschichten aller
Tage
Bis zum jüngsten
Und warte in meiner aus Pfand und Dosen getinkerten
Streunerrüstung auf das Reptil
Komm nur, ich warte!
Reiten wir!

Leinentiger

Das Durchladen der neoliberalen Feuerkraft
Das Ausziehen der Trolleygriffe
Skifahren in St. Moritz

Mit den Taschen voller Blutgeld
Aus der Wette
Aufs Versagen

Frankfurter Talfahrt auf Londoner Ski
Rote Piste
Maßlosigkeiten jenseits der Dekadenz

Neben dem Grand Cru, versteckt
In einem Kübel
Das Gewissen, betäubt mit Schnee und Ice

Nichts geht mehr
Doch rien ne va plus ruft nur die Plebs
Für euch den Strick, für uns die Seide

Für euch die Fetzen, für uns die Fête
Die gläserne Decke ist schalldicht
Briefkästen als Fallstrick

Versagen mit Absicht
Stille ohne Ziel

Lachen hinter Holzvertäfelung

Finanzbukkake der oberen 10000
Fiskalstopfleber ohne Ekel
Kaum etwas hat Wert

Aber alles einen Preis
Enchanté!

Wartezimmer

Aufs Fenster sehen und
Auf die Dunkelheit warten
Invertierte Kindheit
Das Ende des heutigen
Den Beginn des morgigen
Tages ersehnend

Schlaf als Endziel
Als Lebenssinn
Auf der Front aus Schaumstoff

Getragen von presshölzernen Rippen
Ein Gigant der Lethargie
Verdammt dazu
Sein Gewicht über die Horizontale zu wälzen

Moos setzt er an, der liegende Buddha
Vögel nisten ihm
Unter dem Brustkorb, Sternenzelt

Monotones Dauerpfeifen
In den Ohren
Und zwischen den Kiefern
Die Lippen hinab
Entspringt ein Rinnsal

Von der Suche gekommen
Zum Liegen ermüdet
Und doch ratlos

Ruhe
Zeit
Los

Gespanntes Potenzial
Einer Feder gleich
Kinetisch

Müssen müssen

Kopf – leer
Hand – leer
Und doch treibt der Trieb
Schreibt den Schrieb
Setzt den Stab' um Hieb und Hieb
Aufs Plastikpyramiderl
Klack und klack
Und Fall und Klang
Und Klack und Klack
In leichtem Walzer, Wankeltakt
Schraubt sich's weil es muss
Das Schriftstück
Der Text
Wie Insektenfangen an Midsommar
Wie Muscheltauchen im Gartenteich
Wie Segelfliegen an der Zimmerdecke
Wie ein Rinnsal zum Fluss
Findet alles zusammen
Weil es muss
Weil es
Muss.

Sie gehen

Mit wehenden Fahnen
Hinaus in den Abend
Sie gehen, sie gehen, sie gehen?

Ohne nach Konsequenzen zu fragen
Den Sorgen entsagend
Sie gehen sie gehen, sie gehen!

Kein Blick zurück, hinter der Sonne
Liegt Glück, groß-mächtige Wonne
Sie gehen, sie gehen, sie gehen…

Aus Wassertal und Zugkanal
Wird Kreuz und Fußtritt, Sündenfall
Sie gehen, sie gehen, sie gehen!?

Sie ziehen aus nie wiederzukehren
Und Wohlstand und Stolz und Unsinn zu mehren
Sie gehen, sie gehen, sie gehen.

Doch wir, die wir bleiben,
sehen hinüber und glauben
hinter Fassaden und zerschmetterten Scheiben
den Scherz zu sehen.

Sie sind fort.

Ode an die Tschick

Retter in weißer Hülle
Sargnagel, Lebensstütze
Feuerspeier, Rauchwerfer
Nervtöter, Tauchlehrer
Nebelfeuer, Kohlenglimm
Anfang zwanzig
Ende Null
Unter Tags nur 3
Zum Bier gleich 40
Frivoler Begleiter
Filouesker Winkelschmuck
Opfer als Selbstzweck
Zurück bleibt nur Braun
Die Kehle aus Staub, Dreck
Liegt verbrannt unterm Baum

Betonschuach

Mit graue Schuach isser ghängt
In da blaun Kirchn
Gwogen wir a Gfrast hot erm
Mutter Danubia
Hot er gsogt dos ois guad wird
Nochm letztn Kopperl
Vü Blosn hots austribn owa donn
Donn wora stad
Hot die Oarme åsbreitet und
Hot si dreibn lossn
Era
Da Jesus vom Kanoi

Die letzten Tage

Es war still denn
Es war laut hinter der Wand aus Elfenbein
Stillstand wenn
Die Sorgen Überhand nehmen
Denn
Es ist die Angst die treibt
Die Galle speit
Die unversöhnlich einverleibt
Wo Zusammenleben möglich war
Keimt schwarze Saat
Legt sich um den Cortex
Macht aus uns Zombies
Herumgeschleudert im Vortex
Nie endender Ströme an schlechtem
An Äxten und Macheten
Glock 17 und Proleten
Mit Pauken und Trompeten
Treten sie die Türe ein, ungebeten
Und setzen sich penetrant daneben
Um Punkt 8
Wenn der Gong ertönt
Und die Tagesschau
Zum Gruselkabinett wird.

Innsbruck am Meer

Sieht man über den Sund dann
Hält man kurz die Brust und
Tief in den Lungen den Atem an

Viel ist es nicht das trennt nur
Ein paar Boote und Möwen
Weit hinter der dunkelblauen Spur der Tanker

Hoch sind sie, wie zuhause
Die Gipfel, wolkenumhangen
Und altehrwürdig wie Alpentäler Greise

Viel fehlt nicht zur Heimat
Viel fehlt nicht das sich die Erinnerung
Deckt mit den Bildern in meinem Kopf

Doch sind es Möwen die grüßen
Anstatt Tauben und Finken
Und kein Grat unter mir, kein Abgrund zu Füßen

Weit fern ists auch nicht anders,
doch weg vom Bekannten
ist man meist näher bei sich, auch unter Fremden

Ich bin gerne hier am Kai,
mit der Herbstsonne im Nacken
hier in Innsbruck am Meer

Küstentraum

Wäre es nicht offensichtlich dann
Würde man spätestens nach der Landung mit
Dem Fluggerät
Bei den ersten Meilen hinaus aus dem Airport
Erkennen das es sich um eine Wüst handelt

Man hat das Land versteckt,
vergraben,
verdorben unter Beton und Asphalt
Und darauf hat man Häusergroße Wagen gestellt
In denen einzeln, wie in stählerne Seifenblasen
gepackt
Die Frustrierten sitzen
Und sich über alle anderen Gleichen ärgern

Man hat Bäume errichtet die die grauen Teppiche
tragen
Auf denen sie glauben überall hinfliegen zu können
doch
Aus dem Traum der Mobilität haben sie ein Karzinom
gezüchtet
Ein Alptraum aus stillstand

Der moderne Mensch hat seine Füße zuhause gelassen
Seine Basis korrodiert mit Zucker und Fett
Sich ein Fundament errichtet aus Double Gulp bechern
Und beschwert sich nun, umringt von allen anderen

Das Freiheit eben nicht freie Fahrt bedeutet

Ich muss es nicht verstehen, ich bin Gast
Und sehe mir von einem Park an einem Hügel
Das Spiel der Dodgers an
Und denke nicht viel nach
Während Grasdampf durch den lichternen Hain
wandert
Und die Skyline verführerisch glänzt

Gast sein war mein Traum
Hier, zwischen Pazifik und Wüste
Und ich habe ihn mir erfüllt
Und die Träume der anderen gehen mich nichts an
Denn die Skyline glitzert
Und die Dodgers gewinnen

Bären und Zaunkönige

Teil 1

Vogelzwitschern
Kolbenpfeifen
Bärenpranken
Autoreifen
Hangabausblick
Wiesenwehn
Kaffeepause
Pinkeln gehen
Kordpopo und
Salairemiene
Stahlseite
Poetenmine
Goldkechlchen
Wasserzaun
1000 Meilen
Gott vertraun
oder –oettin
alles möglich
Ziel so fern
Fahrt behäbig
Laune gut
Fremd zu Anfang
Freund am Ziel
kurzer Ausklang
Regen-niesel

Gürtelfahr
Schlüssel, Zimmer
bekanntes Parkett
reüssieren
schlafen
Bett

Teil 2

Träume, wild
vom Wagenwaschen
Zigarettenstummel
Pause machen
sungen unterm Schild des Orts
für ferngewusste Spielkohorts'
wabernd wirr
auf engen Gassen
Spielkasino
Scheine machen
Scheine lassen
sitzen
reden
miteinander Zeit vergeben
Zeit beschenken
rinnt am Tisch
Kondens am Glas
ewiglich
verbleibt im Kreise
stets zurück

Zigeunerseele
Reiseglück
Meer bald fern
und Berge nah
im Fieberwahn
so unnahbar
Erinnerung an Stau und Kampf
Tortellininudeldampf
Sojasoße
süß und fremd
schlafen nur im Unterhemd
Alsbald wieder?
Bärn lasst sein!
in die Ferne
ziehts hinein
und sitzen zweie
Vöglein noch
so lasst sie singen
sie leben hoch!

Fels und Fell

Auf den Felsen
auf Herkules linker
von andersherum rechter
Schulter
residieren die Hermetiker
die, die den Weg den wir wagten
die, die den Fehler den wir machten
nicht begingen
vom Apfel nicht bissen
die welche leben
und zwar auch die Bäume vergasen
aber nie den Dampf zähmten
nie den Kern spalteten
Ich beneide euch, fellige Brüder
um eure
Leichtigkeit
euer Spiel und
euren Ausblick
wacht weiter auf
über
den Unsinn
zu euren Ehren
eine Banane!

Freund in der Ferne

Es war lange Zeit, weit
zwischen deiner Enklave
und meiner Stadt

Do es brauchte zu zweit
später zu dritte
nur Bier und Worte und Pläne auf Blatt

Vier Räder, 6 Saiten und Mut für 12
ein silbern Ross, schwarz besohlt
Offener Geist und fremde Gefilde
in Wahn und Wind, auf dass es gelinge

Ins bekannte, hinterm Wald, ins Fremde hinein
über duftende Wiesen ins goldene Licht
über eisgekrönte Kaiser vergess'ner Zeit
und leere Gassen aus Marmor, kaum 12 Zoll breit

über grüne Hügel, bald verbrannt braun
in Täler hinab ans ewige Blau
erbaten die Schönheit um Einlass
die Tore macht weit!
Und wir kommen zur Ruhe bei Erdäpfeln und
Schnitzel

Sogar am Ende des Wegs
wars garnicht so weit

Fenster

Irgendwann, nachdem man
über Stunden
aus dem Fenster gesehen hat
hat man alles gesehen

Da kann der Vordermann ein Reh überfahren
oder eine Wildsau
Da reißt einen nichts mehr aus dem Narrenkastl
in das man durch die Scheibe starrt

Der Blick wendet sich mit jeder Meile
weiter vom Außen ab
hinein ins Innere, hinein ins Selbst
besonders dann, wenn das außen überfordert

Eine Fahrt durch die Berge
das wäre ein Beispiel
Ists bei Valencia noch das Staunen dass
reißt wie ein Wildbach

So ists bei Baza nicht mehr als
ein Luftstoß
ausgesandt von einem Papierflieger bei der Landung
und bis Malaga

über Malaga sprechen wir nicht.

Das schwarze Nest

Alles hier ist schwarz
das Netz der Spinne, besehen von oben
brach

Alles ist in Gold getaucht
die Tunnel auch, ohne Licht des
Tages

Der dicke Arm,
von dunklem Blut durchpumpt, läuft über Grund
den Bauch des stählernen Wals

und während Gold
gegen den Strom der Venen
fließt

Versteckt sich in
Bilanzen ein weißzähniger, kampfbereiter
Haifisch

An jeder Ecke
Blinken in den Häusern die Banditen
grell

und ohne Aufsicht
nur von lausigen Affen gekrönt
residiert

ein Reigen aus
dem immergleichen Kartell, von einigen
wenigen

die schon immer
dort waren und Waren und Güter
verschlagen

verstecken und lagern
verzock dein Erspartes
verplagtes

Silber an der
Küste, auf den Schultern des Herkules
Sodann!

Die Segler

Während dein Kahn mit vollem Segel den Horizont jagt
Stehe ich am Kai und zimmere an meiner Schaluppe
Sehe hinaus auf die Wellen
Und von Zeit zu Zeit rufe ich nach

Immer weiter zieht dich der Wind hinaus aufs Meer
Immer mehr Schwielen bekommst du an den Händen
Vom herumreißen der Seile
Vom Ringen mit der Takelage

Doch ich habe aufgehört zu rufen
Meinen Hammer gepackt
Und Nagel um Nagel in mein eigenes Boot gezimmert
Von Kiel bis Reling

Mir meinen eigenen Wellenschnitter auf den Kiel
gesetzt
So manches Mal beim Zimmern den Daumen getroffen
So manchen Arbeitstag lieber in der Taverne gesessen
Doch stetig, unablässig fortgezimmert.

Zu Sonne! Zur Freiheit, mein Freund!
Auch wenn unsere Reisen uns trennen
So bin ich mir sicher das der Hafen derselbe bleibt
Und wie gespannt bin ich auf deine Geschichten!

Reduktion

Weniger Dinge besitzen
Dafür schönere
Weniger Freundschaften pflegen
Dafür größere
Tür auf
Den Mist raus
Destillat sein
Statt Cider und Schaumwein
Kern statt Hülle
Struktur statt Fülle
Selbst Meißel
Und Skulptur
Nichtmehr kreiseln
Sondern Spuren
Gerade
Im Schnee
Nicht der Erste
Aber der Erste einer neuen Art sein
Los
Und fallen
Lassen.

Kaffee

Ich mahle Kaffee
Male meinen Tag mit Kaffee
Aus und an
Nehme mir Zeit, lege von
Kurbel bis Welle
Von Mahl bis Grad, Celsius
Alles bereit
Öffne schwarzes Einschweiß, Wiederverschluss
Gebe zurück was ungebraucht, Wiederunterverschluss
Drehe, höre, rieche, schmecke, fühle
Genieße Ganslhaut und Vorfreude
Mundwasser und Morgenräude
Verlaufen und vertrieben
Von der Kraft des guten, starken, schönen
Ungepanscht und ungeschnitten
Director's Cut
Roter Teppich, Cannes, Mann mit Kanne
Akt
Nur in Unterwäsche und Sonnenkuss
Heißer Dampf und Brühgenuss
Quälende Wartezeit, morgendlicher Ramadan
Dann Siebdruck, Farbkampf, Strudelwahn
Elfenbeinwind zwischen Glasur und Charybdis
Dunkelbitter, vollnarzisstisch
Der erste Kuss vom Baum der Sterne
Blick aus Fenster
Tagesferne

Goldegg

Hinter einer schmalen Türe
Da liegt ein Reich aus Gold und Samt
Und es ist Wärme die ich spüre
Mokka, klein, in meiner Hand

Vor der Pforte, silbern
Wacht ein alter Bullerjahn
Hinter hölzern-beigem Schließwerk
Schließt Rauch und Tabakdampf sich an

Und ich sitze, fern, gemütlich
Auf Löwenkopf und Eisenholz
Residierte, gut- und fürstlich
Auf vergang'ner Handwerk Stolz

Wenig hats an Leut und Leben,
ruhig ists im Eck-Cafe
einfach wirkts, das schaffen, streben
wenn ichs so vom Throne seh

Nebenan hats backsteinrot
Gottes eigen Haus und Pforte
Aber hier stört mich kein Pfaffe
Bei der kleinen Traumrevolte

Hier stört niemand Stift und Hand
Hier ist jedermann für sich
Bis um 8 Uhr spät am Abend
Für den Tag erlischt das Licht

Ja dann müssens alle gehen
Stammgast, Studi und Boheme
Bis am Morgen, wieder offen
Das frohe sieden weitergeht

Doch bis soweit übernimmt ein andrer
Statt Bohne nun der Zapfhahn kräht
Und statt Kaffeehaus nun das Beisl
Uns wilden Eulen offen steht

Stillstand

Zu lange
Blieb ich der Sprache fern
Glaubte mich an
Tastendruck gebunden

Verwehrte mir das
Geschriebene Wort
Das „Manuskript"

War der Hand entkommen
Entlaufen
Einem neugierigen Welpen gleich

Flackernde Bilder lösen
Sanfte Monologe
In der Klause meines Kopfes

Ab

Und ersetzten sie durch
Ekstatisches Gewimmer
Und so warf ich den Wortschatz fort

Rhetorisches Rheingold
Und nahm dafür
Falsch funkelnde Glasperlen

Habe mein Manhattan verscherbelt
Hypnotisiert
Vom Gezwitscher der
Neon-Paradiesvögel

Aber genug davon

Denn ich habe mich dem Stillstand
Erwehrt
Und jetzt

Gehe ich fischen

Kiloweise Wut im Bauch

Kiloweise Wut im Bauch
Bier, Schnaps, Kebab auch
Wut auf mich, Wut auf dich, Wut auf uns
Wut aufs kollektiv, Wut aufs Individuum

Jede Flasche ist ein Kredit
Jeder schluck eine Unterschrift auf Blankoschecks
Ausgezahlt wird in Freude und Glück
Die Rechnung kommt morgen

Wie die Maus vor der Falle
Wie Sandler vorm Seidl
Es ist dasselbe Muster, es ist immer das gleiche

Moderation den moderaten!
Vollgas, mit dem Trecker durch den Vorgarten!
Wer nicht an die Hauswand kotzt war nicht dabei
Oder so

Ersaufen in der Saufkultur
Im Impuls liegt Frustration
Aus der Frustration erwächst Impuls
Kinetische Energie unterliegt dem
Energieerhaltungssatz
Ich unterliege der Gravitation des immer gleichen
Thresenplatz
Und wieder die Wut, die Wut.

2S16-B2

Es liegt Aufstand im Hausbrand
Ausgewaschene Parolen an der Hauswand
Konsum statt Wut
Selfie auf der Demo statt CS Gas

Und Blut

Girokonto statt Hausbesetzung
Die 3te Generation wirtschaftets durch
Auferstanden aus Ruinen
Nach der Uni liegengeblieben

Was ist unsere Aussicht?
Nachtschicht!

Friss konsequenzlos
Das Buffet, grenzenlos!
Kaviar und Nutten
Koks und Instagram
#richkids
#idontdigthis

Doch vor dem Aufbau
Kommt der Abriss
Knack
Knack
Knack

Bricht die Armierung des Gefüges
Der Tanz auf der Rasierklinge
Kabale und Liebe
Intrige und Lüge

Alles kommt zum erliegen
Und dem Schrein unserer goldenen Kälber
Winkt statt dem Milchwirt
Die Notschlachtung

Der Abschluss
Mehr?
Unter!
ferdinandstmarx.wordpress.com
Oder doch
Über?